D1086439

Sylvain Landry

Sudoku
EXTRÊME

LES ÉDITIONS DE
L'HOMME

Catalogage avant publication de
Bibliothèque et Archives Canada

Landry, Sylvain

Sudoku extrême

1. Sudoku.   2. Jeux mathématiques.
3. Casse-tête logiques.   I. Titre.

Gouvernement du Québec – Programme de crédit
d'impôt pour l'édition de livres – Gestion SODEC –
www.sodec.gouv.qc.ca

L'Éditeur bénéficie du soutien de la Société de
développement des entreprises culturelles du
Québec pour son programme d'édition.

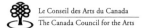

Le Conseil des Arts du Canada
The Canada Council for the Arts

Nous remercions le Conseil des Arts du Canada de
l'aide accordée à notre programme de publication.

Nous reconnaissons l'aide financière du gouverne-
ment du Canada par l'entremise du Programme
d'aide au développement de l'industrie de l'édition
(PADIÉ) pour nos activités d'édition.

05-06

© 2006, Les Éditions de l'Homme,
une division du groupe Sogides
(Montréal, Québec)

Tous droits réservés

Dépôt légal : 2006
Bibliothèque et Archives nationales du Québec

ISBN 10 : 2-7619-2278-6
ISBN 13 : 978-2-7619-2278-4

DISTRIBUTEURS EXCLUSIFS :

• Pour le Canada et les États-Unis :
MESSAGERIES ADP*
955, rue Amherst
Montréal, Québec H2L 3K4
Tél. : (514) 523-1182
Télécopieur : (450) 674-6237
* Filiale de Sogides ltée

• Pour la France et les autres pays :
INTERFORUM
Immeuble Paryseine, 3, Allée de la Seine
94854 Ivry Cedex
Tél. : 01 49 59 11 89/91
Télécopieur : 01 49 59 11 33
Commandes : Tél. : 02 38 32 71 00
                        Télécopieur : 02 38 32 71 28

• Pour la Suisse :
INTERFORUM SUISSE
Case postale 69 - 1701 Fribourg - Suisse
Tél. : (41-26) 460-80-60
Télécopieur : (41-26) 460-80-68
Internet : www.havas.ch
Email : office@havas.ch
DISTRIBUTION : OLF SA
Z.I. 3, Corminbœuf
Case postale 1061
CH-1701 FRIBOURG
Commandes : Tél. : (41-26) 467-53-33
                        Télécopieur : (41-26) 467-54-66
                        Email : commande@ofl.ch

• Pour la Belgique et le Luxembourg :
INTERFORUM BENELUX
Boulevard de l'Europe 117
B-1301 Wavre
Tél. : (010) 42-03-20
Télécopieur : (010) 41-20-24
http ://www.vups.be
Email : info@vups.be

Pour en savoir davantage sur nos publications,
visitez notre site : **www.edhomme.com**
Autres sites à visiter : www.edjour.com
www.edtypo.com • www.edvlb.com
www.edhexagone.com • www.edutilis.com

Table des matières

Je vous remercie à l'avance pour toutes les sugges-
tions ou commentaires sur le sudoku que vous pou-
vez me faire parvenir à l'adresse suivante :

Les Éditions de l'Homme
955, rue Amherst
Montréal (Québec)
H2L 3K4
Courriel : echecs_ca@yahoo.ca

Introduction

Aimez-vous les sudokus très compliqués, longs à résoudre ? Préférez-vous les grilles qui exigent de grands efforts et vous obligent à vous creuser les méninges ? Si oui, vous allez vous délecter des grilles complexes que contient ce livre ! Vous verrez : ces sudokus extrêmes constituent un bien plus grand défi à l'intelligence et à la persévérance que ceux des journaux, des magazines, et même de la majorité des livres de sudoku. Ces grilles vont vous donner du fil à retordre !

En comparaison de mes ouvrages précédents sur le sudoku, j'explique ici cinq nouvelles techniques très avancées (duo éloigné, formation en X, formation en XY, formation de l'espadon et colo-

Introduction

riage) qui vous aideront à sortir des impasses où vous pousseront à coup sûr les grilles de ce livre. Mais, soyez rassuré : j'ai simplifié à l'extrême ces méthodes essentielles.

Certains trouvent désagréable de progresser à tâtons, par essais et erreurs, en choisissant des nombres au hasard pour réussir un sudoku. Or, ces impasses résultent souvent d'une méconnaissance des techniques plus complexes. Heureusement, on découvre régulièrement de nouvelles méthodes pour résoudre les sudokus, dont certaines sont de plus en plus difficiles. Peut-être disposerons-nous bientôt de centaines de méthodes ? D'ici là, je crois sincèrement que vous devrez bûcher ferme pour venir à bout des sudokus de ce livre. Vous trouverez dans ces pages des grilles à cinq niveaux de difficulté, allant de très difficile à top extrême. Je vous présente 20 grilles par niveau. Les 20 premières grilles ne nécessitent pas de recourir aux techniques les plus complexes : considérez-les comme

Introduction

un réchauffement avant d'attaquer les autres grilles extrêmement ardues. Le niveau dépend de la complexité des méthodes nécessaires pour réussir le sudoku. Comme il se doit, chaque grille ne comporte qu'une seule solution, présentée à la fin du livre. Allez ! Tous à vos crayons !

Techniques avancées nécessitant les chiffres candidats

Dans ce chapitre, je présente les méthodes avancées basées sur les chiffres candidats, c'est-à-dire les possibilités pour une case donnée.

Chaque méthode est accompagnée d'un exemple. Il est à noter que, sur ces grilles, la zone en gris ne fait pas toujours partie de la résolution du problème présentée.

Au risque de me répéter, il est très important de rayer des listes les chiffres candidats que vous réussissez à placer. Une simple erreur de ce type peut vous faire perdre beaucoup de temps !

Inscription des chiffres candidats

Inscrivez en petits caractères les chiffres candidats en haut ou en bas de chacune des cases vides, complétant la colonne, la rangée ou le carré où vous vous trouvez. Effacez ou rayez les chiffres au fur et à mesure que vous trouvez leur emplacement dans la

grille. Cette méthode permet également de visua-
liser des situations de déduction simple ou plus
complexe. La grille suivante vous indique comment
noter les chiffres candidats.

Comment noter les candidats
dans la grille sudoku

3 ₄₅₆	1	2 ₄₆	9	7 ₄₅	8
8 ₄₆	7	1 ₄₆	5	3	2 ₂₄	9
2 ₄₅₉	₄₅₉	7 ₇	3	8 ₈	1 ₁₄	₄₅	6
7	8	3	5	9 ₉	4	6	1	2
₁₄₆₉	₁₄₆₉	2	₆₇₉	₆₇₉	7	5	₄₇₈₉	₃₇
₁₄₆₉	₁₄₅₆₉	₄₅₆₉	8	₁₂₆₇₉	3	4	₄₇₉	7
5	₂₆	8	3	₂₇	1	9	₂₆₇	4
₁₉	7	9	4	₂₅₈₉	6	₁₂₈	3	₁₅
₁₄₆₉	₁₂₃₄₆₉	₄₆₉	₇₉	₂₅₇₈₉	₂₇₈	₁₂₈	₂₅₆₇₈	₁₅₇

Les situations suivantes vont se présenter :

Candidat unique : Si un seul candidat est inscrit dans une case, c'est le bon ; il faut l'écrire normalement et ne plus y toucher. C'est le cas du 7 dans le deuxième carré de la grille précédente.

Case unique : S'il y a deux candidats ou plus pour une case, mais que l'un d'eux ne va nulle part ailleurs dans sa colonne, sa rangée ou son carré, c'est automatiquement la seule case pour ce candidat. C'est le cas pour les chiffres 1 et 2 dans le troisième carré de l'exemple précédent.

Cases réservées à un chiffre : On peut parfois éliminer des chiffres candidats par déduction. Dans la grille tronquée suivante, le premier carré doit nécessairement contenir le chiffre 2. On peut donc en déduire que ce chiffre ne peut pas être candidat dans d'autres cases de la première rangée, ce qui nous permet de résoudre la quatrième case de la première rangée : il ne reste plus que le chiffre 4 comme candidat !

Voyons un exemple plus complexe. Lorsque des chiffres candidats se retrouvent dans deux listes ou plus d'une même région, on peut parfois effectuer une déduction par élimination. Observons, dans la grille suivante, le carré inférieur droit. Par déduction simple, le 2 doit nécessairement être situé dans la dernière colonne de ce carré. Cela permet d'éliminer le chiffre 2 des autres listes de candidats de cette même colonne. Et puisque le candidat 2 apparaît maintenant uniquement dans une case du carré supérieur droit, on peut affirmer sans se tromper que c'est la bonne case pour ce chiffre, puisqu'il n'est présent que dans une case. Il ne reste plus que les duos « 59 » à solutionner plus tard.

Techniques avancées

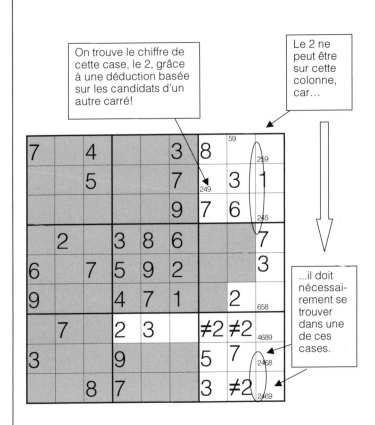

On trouve le chiffre de cette case, le 2, grâce à une déduction basée sur les candidats d'un autre carré!

Le 2 ne peut être sur cette colonne, car…

…il doit nécessairement se trouver dans une de ces cases.

Exclusion avec duo : Lorsque deux cases d'une même région ont des listes de candidats identiques, comme dans la grille suivante, nous pouvons retirer ces chiffres des autres listes de candidats de cette région, car ils occuperont obligatoirement l'une de ces deux cases. On doit éliminer les chiffres en trop : il ne peut y avoir plus de chiffres que de cases !

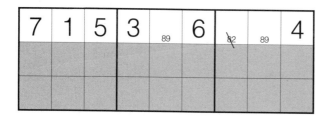

Exclusion par triplet de cases : Lorsque trois cases d'une même région ont des listes comportant au moins deux ou trois candidats communs, nous pouvons retirer ces trois chiffres des autres listes de candidats de cette région. Dans l'exemple suivant, les cinquième, huitième et neuvième cases de la rangée forment un triplet avec les listes de candidats 56, 56 et 567. Ces trois cases doivent donc nécessairement

Techniques avancées

utiliser les trois chiffres 5, 6 et 7 entre elles. Notez que cette observation nous permet de solutionner la dernière case de la rangée : c'est le 7, puisqu'il n'est pas dans les autres listes de candidats du triplet. Toutefois, l'important avec l'exclusion par triplet, c'est d'effacer ou de rayer les chiffres candidats des cases formant un triplet (les chiffres 5, 6 et 7 dans l'exemple) des autres listes de candidats de la même région. Cela nous permet, dans l'exemple suivant, d'effacer ou de rayer le chiffre 7 des troisième et septième cases. Il en découle que les chiffres 3 et 2 sont ensuite solutionnés !

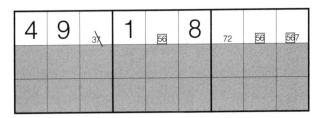

Exclusion générale : Lorsque N cases d'une même région ont les mêmes N candidats, nous pouvons effacer les autres chiffres de ces listes de chiffres et ensuite déduire un ou des chiffres des autres cases.

Un exemple vaut mille mots :

4	1 3 5 6 7	1 3 5 6 7 9	2	79	3 5 6 7 9	17	789	789

Les deuxième, troisième et sixième cases de la première rangée contiennent les trois candidats : 3, 5 et 6. De plus, aucune autre case de la première rangée ne contient ces candidats. On peut déduire que ces trois chiffres vont nécessairement dans ces trois cases et éliminer les autres candidats de ces cases. Ainsi, nous pouvons éliminer les chiffres 1 et 7 de la deuxième case, les chiffres 1, 7 et 9 de la troisième case et les chiffres 7 et 9 de la sixième case. Cela permet par ailleurs de déterminer que le 1 va dans la septième case, puisque c'est l'unique case de la rangée où l'on peut laisser ce candidat.

Méthodes plus sophistiquées

Après avoir essayé les méthodes précédentes, votre grille sudoku est toujours aussi désolante : il reste encore des cases vides ! Vous devez prendre les grands moyens : utiliser les techniques extrêmes !

Notation des rangées, des colonnes, des cases et des carrés

Dans le texte suivant, la notation des colonnes et des rangées s'effectue à partir du coin supérieur gauche de la grille, soit la case (colonne 1, rangée 1). La case (colonne 9, rangée 1) se trouve donc dans le coin supérieur droit de la grille ; et la case (colonne 9, rangée 9), dans le coin inférieur à l'extrême droite.

Duo éloigné

Cette technique est basée sur le même principe que l'exclusion par duo. Les quatre cases blanches représentent deux duos : un sur la rangée 1 ; un autre sur la colonne 4.

Voyons l'exemple suivant où certains secteurs ont été coupés pour simplifier la présentation.

Par enchaînement des duos, nous pouvons déduire que la case (colonne 1, rangée 1) et la case (colonne 4, rangée 5) sont également un duo que je qualifie d'éloigné. Lorsque la case (colonne 1, rangée 1) contient un 8, la case (colonne 5, rangée 1) contient un 1, la case (colonne 4, rangée 2) contient un 8 et la case (colonne 4, rangée 5) contient donc un 1. Lorsque la case (colonne 1, rangée 1) contient un 1, la case (colonne 5, rangée 1) contient un 8, la case (colonne 4, rangée 2) contient un 1 et la case (colonne 4, rangée 5) contient donc un 8. En simplifiant cette dernière chaîne de possibilités :

si la case (colonne 1, rangée 1) contient un 1, alors la case (colonne 4, rangée 5) contient nécessairement un 8.

Techniques avancées

On peut ainsi déduire que la case (colonne 1, rangée 5) ne peut avoir les chiffres 1 ou 8 comme candidats. Nous pouvons ainsi rayer ou effacer le 8 et solutionner cette case facilement (le chiffre 7).

18	5	9	4	18	6			
4	2	78	18	57	3			
178	3	6	9	57	2			
2	1	47	3	49	5			
78	6	478	18	2	49			
5	9	3	6	18	7			

Formation en X

La formation en X est une technique assez facile à comprendre. Dans l'exemple suivant, le 9 n'est pos-sible que dans deux cases pour chacune des co-lonnes 3 et 6 : case (colonne 3, rangée 1) et case (colonne 3, rangée 7) ; case (colonne 6, rangée 1) et case (colonne 6, rangée 7).

Ces cases sont blanches pour vous aider à les repérer. Dans les deux colonnes, les cases possibles pour le 9 se trouvent sur les mêmes lignes, et ces quatre cases forment un X, d'où le nom de la tech-nique. Si le 9 est à la case (colonne 3, rangée 1), un autre 9 ira nécessairement dans la case (colonne 6, rangée 7). Si le 9 est dans la case (colonne 3, rangée 7), un autre 9 ira nécessairement dans la case (colonne 6, rangée 1). Le 9 est donc toujours aux extrémités d'une des diagonales qui forment le X. Dans les deux cas, il y aura un 9 sur la première et sur la septième rangée. Nous pouvons ensuite utiliser cette information pour exclure certains candidats. La

Techniques avancées

formation en X nous permet de retirer le 9 de la liste de la case (colonne 7, rangée 7), car nous savons qu'il y a déjà nécessairement un 9 sur la septième rangée. Nous pouvons donc résoudre facilement la case (colonne 7, rangée 7) et, par la suite, ce sudoku ! Cette technique est possible sur les rangées, les colonnes ou les carrés 3 x 3.

4	79		5	289			6	3
	2			6				5
	6	5		1	≠9			9
7	4	≠9			5			6
6	9	≠9			≠9		5	7
2	5	8	6	7	3	4	9	1
5	79			289	69			4
	8	4	5		1	69	7	2
	6			4	7	5		8

Formation en XY

Voici une autre technique semblable aux exclusions par duo qui permet d'exclure un ou plusieurs candidats. Voyons un exemple simple. À la case (colonne 1, rangée 5), on a x=1 et y=4 (d'où le nom de la technique). Essayons ces deux possibilités x et y.

17	59	1359						
2	6	35						
8	47	347						
6	27	127						
14	3	8						
5	49	479						

Techniques avancées

Si on place un 4 dans la case (colonne 1, rangée 5), il ne peut y avoir d'autre 4 dans le carré et le chiffre 9 est dans la case (colonne 2, rangée 6). Si on place un 1 dans la case (colonne 1, rangée 5), on obtient un 7 dans la case (colonne 1, rangée 1) et donc un 4 pour la case (colonne 2, rangée 4). En conséquence aucun autre 4 ne peut être placé sur la colonne 2. Il ne peut donc pas y avoir de 4 à la case (colonne 2, rangée 6), dans aucune des deux situations. On élimine donc ce candidat pour la case (colonne 2, rangée 6) et, comble de chance, on peut solutionner cette case, car il ne reste qu'une possibilité.

Il est plutôt difficile de repérer les situations où cette technique s'appliquerait. Soyez alerte !

Formation de l'espadon

Cette technique très difficile est semblable à celle de la formation en X, mais s'applique aux configurations de 3 x 3 cases, alors que la formation en X s'applique aux configurations de 2 x 2 cases. Si vous repérez cette formation, vous verrez qu'elle ressemble un peu à un espadon !

Pour la formation de l'espadon, il faut :

- trois rangées contenant chacune tout au plus trois cases avec un même chiffre candidat partageant une même colonne ;
- trois colonnes contenant chacune tout au plus trois cases avec un même chiffre candidat partageant une même rangée.

Ces neuf cases sont les seules possibilités pour les candidats de ces trois rangées et de ces trois colonnes. Dans notre exemple, les trois colonnes

Techniques avancées

ont le 8 comme candidat dans trois cases ou moins. On peut ensuite exclure le candidat 8 de toutes les autres cases dans la rangée. C'est le cas pour la case (colonne 5, rangée 2), qui est ainsi solutionnée.

				2				
			18	38	9	2	348
		5		4			6
7			8		9		3	2
18	2	9	17	3	5	6	147	48
3			4		2			9
5			2		1			
469	3	1						
689	7	2		5	368			

Quand vous maîtriserez cette technique, vous serez comme un poisson dans l'eau, à l'aise même avec les sudokus les plus complexes !

Coloriage

Le coloriage est une autre technique d'exclusion fort utile pour les grilles compliquées. Contrairement aux techniques précédentes d'exclusion où les duos étaient dans une même cellule, cette technique permet d'exclure par un enchaînement déductif les duos de candidats qui sont dans une même région (rangée, colonne ou carré 3 x 3 cases).

39	2 38	5 79 79	1 6
569	V 5689 68	1 79 3	4 2
4 7 1	2 6 8	9 3 5
8 4 7	6 2 1	5 9 3
V 369 1 36	4 R 379 5	2
2 R 39 5	79 8 79	6
4	1	7
2		8
9	5	3

Techniques avancées

L'exemple précédent montre un cas de coloriage pour le candidat 9. Le vert et le rose représentent tous les duos enchaînés. Les lettres V et R des cases (colonne 1, rangée 5), (colonne 2, rangée 2), (colonne 2, rangée 6) et (colonne 5, rangée 5) désignent ces deux couleurs (V = vert ; R = rose).

Cette technique nous permet de déduire que lorsqu'une case verte a le chiffre 9 comme solution, toutes les autres cases vertes ont également le 9. De même, lorsqu'une case rose a le chiffre 9 comme solution, toutes les autres cases roses ont aussi le 9. Toutefois, si une case verte a le 9 comme solution, les cases roses ne peuvent avoir le 9, et vice versa. Nous pouvons en déduire que, lorsqu'une case est sur la même rangée ou sur la même colonne qu'une case rose et une case verte, elle ne peut contenir le chiffre 9.

C'est ce qu'on observe dans cet exemple : la case (colonne 5, rangée 2) ne peut avoir le chiffre 9 comme candidat, car elle est sur la même rangée qu'une case verte et sur la même colonne qu'une case rose. On peut donc rayer le 9 de la liste des candidats pour cette case et solutionner facilement cette dernière.

Impasse

Il arrive que les méthodes précédentes semblent inefficaces, notamment pour les grilles extrêmement difficiles (nos 21 à 100). Vous devrez alors recourir à la bonne vieille méthode du « tâtonnement » par essais et erreurs, mais je vous déconseille fortement de vous aventurer dans un pareil labyrinthe de possibilités !

Trouvez une case vide avec seulement deux candidats susceptibles de vous aider à solutionner d'autres cases. Choisissez un des deux, puis enclenchez une suite de déductions sur les autres cases. Notez bien votre point de départ et les

Techniques avancées

écritures subséquentes au cas où il y aurait une autre impasse !

Vous pouvez utiliser des crayons de couleur afin de voir le chemin parcouru après votre « devinette ». Vous pouvez également photocopier ou transcrire la grille, avec tous les chiffres trouvés, afin de pouvoir revenir en arrière si le chiffre que vous avez choisi n'est pas le bon ! Attention : vous devez ensuite vérifier si votre choix rend le sudoku impossible à résoudre !

Dans ce cas, une des situations suivantes se présentera après la mise à jour des chiffres candidats pour toute la grille :

- une case sera vide sans aucun chiffre candidat ;
- trois cases auront des listes identiques de deux chiffres ;
- quatre cases auront des listes identiques de deux ou trois chiffres ;
- un chiffre sera manquant dans une région sans être dans aucune des listes de candidats de cette région.

Il vous faudra alors revenir à la case « départ » et reprendre vos déductions, cette fois avec l'autre chiffre. Cette astuce vous permettra de continuer jusqu'à la fin, sauf si vous devez résoudre d'autres « devinettes » ou que vous avez fait une ou des erreurs de logique. Dans le premier cas, persévérez. Dans le second cas, recommencez au tout début.

Récapitulatif des étapes importantes

- Les méthodes élémentaires (sans les chiffres candidats) exposées dans mes ouvrages précédents sont toujours essentielles : déduction simple, déduction croisée et déduction de la case au travers du carré.
- Il faut ensuite écrire tous les chiffres candidats : en ordre numérique avec de très petits caractères, faire systématiquement toutes les cases dans toutes les régions et rayer les chiffres trouvés au fur et à mesure.

- Vérifiez les méthodes intermédiaires : candidat unique, case unique, cases réservées à un chiffre et diverses exclusions.
- Recourez aux techniques sophistiquées : duo éloigné, formation en X, formation en XY, formation de l'espadon et coloriage. Essayez aussi de découvrir de nouvelles méthodes déductives, il y en a certainement encore quelques-unes d'inconnues !
- Si vous ne réussissez toujours pas, vous pouvez essayer l'inélégante méthode d'essais et erreurs…

Conclusion

Vous voici maintenant en mesure de réussir les sudokus extrêmes ! Soyez persévérant mais n'oubliez pas de faire de l'exercice de temps en temps… À vous de jouer !

Apprendre sans jouer est du travail gaspillé.
– Sylvain Landry (inspiré de Confucius)

SUDOKU EXTRÊME

Niveau très difficile

■ ■ ■ ■ ■

grille 1

9	6	3		8	2			
	5							1
	8		9					
3					6		1	8
			5					3
		6				4		
				4				
	1			9			2	
	3		8	5				9

SUDOKU EXTRÊME

Niveau très difficile

■■■■■

grille 2

	5							8
9		4						
			9					
							8		4
	8		7	6	3		5	
		1				2	6	
	2	8	3				7	5
				9				
	7			1	2			

SUDOKU EXTRÊME

Niveau très difficile

grille 3

7			9	8	5		1	6
				2		7		5
					9		4	2
5	3				2			
		6						
1				5		4	6	7
			7	6	8	5		

SUDOKU EXTRÊME

Niveau très difficile

grille 4

4			2	8	3		1	
8			4				2	
9					7			
		1	8		5	6		
	8			3				1
7		9					8	
			3				4	
3			6					7

SUDOKU EXTRÊME

Niveau très difficile

■■■■■■

grille 5

	5	2				4		6
1					9		7	
9		7		5	1			
								3
	2	3						1
5			8					2
			6				3	
	8		1		2			

SUDOKU EXTRÊME

Niveau très difficile

■■■■■

grille 6

2				3		1		
1	9	6						
				4			5	
	3							8
				9			4	
6	1			5	2			
5				6		4		
		4	9				7	
			3					

grille 7

		8	3					
2	6						1	8
4					6			
					3			
			9	2			6	
	9			5		1		
				7			9	6
			5	3	1	4		
					8	5		

SUDOKU EXTRÊME

Niveau très difficile

■■■■■■

grille 8

		6				1		4
			2			8		
	8		9		1			2
	7							5
				7				
	4		8		5	2		
		2		5			3	
	5			4				1
9							6	

grille 9

4				1				
				7	6	2		
					9	1		
6				9		4	7	
	7				5			
1		5						9
8	2			3				
							1	
	3	9			8			

SUDOKU EXTRÊME

Niveau très difficile

grille 10

				4				
		6					7	4
			3				2	5
4			5		1			
	8		9				6	1
	2							
					7	2	4	8
7				9			5	
5					8			7

SUDOKU EXTRÊME

Niveau très difficile

■■■■■

grille 11

			3	7				8
			2					5
6			8	1				
	5							
			7		8		9	
	4	7						
1	3			2			7	4
7	2							3
		6				5		

SUDOKU EXTRÊME

Niveau très difficile

■■■■■

grille 12

		3					1	
5								
	6	4	3	2				
6		9	7			4	2	
	4				6		9	
	2		4					7
	8				1			
				8			7	3
					7		6	

SUDOKU EXTRÊME

Niveau très difficile

■■■■■

grille 13

			7			9		1
9	8	6						
								4
6							3	
	7	5		2	4		6	
		2	3		5			
1			5					7
	5				8			
							5	

SUDOKU EXTRÊME

Niveau très difficile

■■■■■

grille 14

						8	5	6
	9							3
		7						
2			1				7	
7				2			4	5
1			6		8	2		
		5		9				
	6					9		
			4				6	

Niveau très difficile

grille 15

			1	7				2
4								8
9		3						
							1	
	2	7			5			4
			4				6	5
			8			3		
			9		2			
5		6			4			

SUDOKU EXTRÊME

Niveau très difficile

■ ■ ■ ■ ■

grille 16

8					1			5
			3	2				
4		3					9	
	5		6					
				5				4
	9			1			7	8
2				7			6	
	1			4				

grille 17

3								
	6		4	2				5
					9	1	6	
		9					3	7
	8	1						
				5		4		
		4		1		6		
		2					9	
			5					8

SUDOKU EXTRÊME

Niveau très difficile

grille 18

9		4	6			3		5
		2					7	
	5				7			
7				8				9
			2	1				
8		3						
		8		9		2		
		1		5				6
						9		

SUDOKU EXTRÊME

■■■■■

grille 19

			2		3	6		8
6		9		8			1	4
5		1				7		
		7						3
				2		4		
			4					9
			5	3			6	
	2		6					

SUDOKU EXTRÊME

Niveau très difficile

■ ■ ■ ■ ■

grille 20

	3	4		6		9		
	5	2						
			8				4	
					9			1
	8		4		1	2		
		6				3		
				4			7	6
7						1		2
9								

SUDOKU EXTRÊME

grille 21

		9	3			4	2	
			4					
		7			2	9	8	5
		6						9
4					7		3	
		2						
			2			5		
5					4	1		
7						2	6	

SUDOKU EXTRÊME

Niveau démoniaque

grille 22

1	3		2					6
							8	
			1					
	4							
		2	7			6		1
9				5	3	2		
	6		9					
				4				5
	7	8	6					2

SUDOKU EXTRÊME

grille 23

5			3				9	1
2				8				
		6	8			4		
			9			6		
			4	1	2	3	5	
	8							
1					4			
6			9		7			

SUDOKU EXTRÊME

Niveau démoniaque

■■■■■

grille 24

	7		1				9	
5					7			3
	3	4				6		
				7			1	
	1			5			6	4
		2		8			7	9
4					2			
	9		3		6		4	
					8			

SUDOKU EXTRÊME

grille 25

			5		1			6
	6							
9	7	2						
								9
			9			3	5	
			3	2		7	4	
4		8					1	
	9				6			3
							8	

SUDOKU EXTRÊME

Niveau démoniaque

grille 26

			8			9		2
								4
6	8				5	1		
	9	7			2	8		
	2			7				1
				5	1			
	6	8	4					
		2						
					6			5

grille 27

			6			5		9
	1				4			2
		2	5		9	1	4	
				1			9	
		3	2					
			7					4
	8		5				7	
4			8		6			

SUDOKU EXTRÊME

Niveau démoniaque

grille 28

	2			5			3	6
	5		7	2	9			
				4	3	1		
	4		8					
		5				2		
		3		7		5		
							9	4
8						6		

SUDOKU EXTRÊME

grille 29

			7	4		9		
2		6					5	
				3		1		
7					4			
	2	1					8	6
3	6					2		9
			3	1		5		
	9							3
				2				

SUDOKU EXTRÊME

Niveau démoniaque

grille 30

	9				2	1		6
	5							
				6	8			
	3							
	2	5	3		1			
1			4	8		7		
		6					7	
						2	5	
		7		1		3		4

SUDOKU EXTRÊME

Niveau démoniaque

grille 31

	8	5						6
					1			2
	7		3			9		
2	1				7		9	
4		3		6				
		8						
			6					
3		7	4	2			8	
					5	3		

SUDOKU EXTRÊME

Niveau démoniaque

grille 32

			7			9		
					4		3	
	1	5			6			
7							2	
9		2			1	6		7
	6							
					7			
	5		8			1		6
	3			2			9	

grille 33

3								8
					5			1
	4	2					9	
5			6		3	7		
6								
9			1	8			2	
4				9				3
	6						5	
				4			6	7

SUDOKU EXTRÊME

Niveau démoniaque

grille 34

				3		8		
	1			5				
7	4		9					
	7	4	3		2		6	
8		5	6					
		6					2	
	8	9		4				
				6		7		5
					8	3	4	

SUDOKU EXTRÊME

Niveau démoniaque

grille 35

2								
		1		6		4		8
			4				2	6
		5	3					
3		2	5				1	
								7
	9				5			
		7						2
		6		3	9		5	

SUDOKU EXTRÊME

Niveau démoniaque

■■□□□

grille 36

5	4					6	3	
		1		8				
			6	9				
		6				9		
		7		6		5		
4	3						6	
		2		7				1
9								
	5			3				

SUDOKU EXTRÊME

grille 37

		9		1			2	
8						5		9
1	6					7		
		4		3		2		
	5				9		4	
		2				9		6
	9		4			8		
5			8		1			

SUDOKU EXTRÊME

Niveau démoniaque

grille 38

	5			2	3		8	
		7	6				9	
4				1				
		4		9			2	
								5
	6		3					
		3	5	8	2			1
				6				2
	8					4		

SUDOKU EXTRÊME

Niveau démoniaque

grille 39

			5		4		6	
5		4	3	9				
								9
						4		
3	2				7		5	
				1		8		
6			9					
	4	3		8			7	2

SUDOKU EXTRÊME

Niveau démoniaque

grille 40

	3		4					2
						3	7	9
1				5		6		
	4						6	3
6		2			9			
			3	7			2	
	1				5			
		9		6			8	

grille 41

	8		3					6
	4		2	1	7			
5								
			6		7			
	1		4		2	5		
4	7							2
				6	5			
				3	1	4		

SUDOKU EXTRÊME

Niveau top démoniaque

grille 42

5								
	8					1	2	
		3		8	2			
		5				9		
1		9			3	7		
						6		
	4		8				3	
	6			3	9			
		6					7	

SUDOKU EXTRÊME

grille 43

	9		8	6				
		6					3	2
	1				4	9		
5								
						7		
		7	6					
9				4				7
				5				6
	7				3	1		8

SUDOKU EXTRÊME

Niveau top démoniaque

grille 44

4								
		1		3	7			8
							1	
	3			6				
			7	8			6	
	5		2					7
	8				2	4		5
			9					
3			4			9		

SUDOKU EXTRÊME

Niveau top démoniaque

grille 45

	2	1						
							8	
					4	9		
		9	7			6		1
6		3						
8					1			
		5			3		9	
3		2	5	6				
			1				4	

Niveau top démoniaque

grille 46

	7			9				2
								4
2		8				7		
		5						
4		3	1	2				
			7				1	
	9							
		4			5			6
	2			1	4			8

SUDOKU EXTRÊME

grille 47

4			1			7		
						2		
		6				5	3	
		1	8					7
	5				6			
3	7							
6								
7	3			9				
2					5		1	9

SUDOKU EXTRÊME

Niveau top démoniaque

grille 48

		2					1	9
1	3	8						
				7			4	
		4	8					
6						3		
			1		9		5	
		3					7	
	9				5			
			3		4			1

SUDOKU EXTRÊME

grille 49

		9		7				8
	1				9		2	
				3		7		
	9	6						
			6			1		
		1			2	5		6
		2						
5			3				4	
				4			1	

SUDOKU EXTRÊME

Niveau top démoniaque

grille 50

					8			7
		8		5				1
		2	4					
	6						8	
		3	5			4		
1			3	2		6		
						8		
				9			2	
	9	7				5		

grille 51

		1				3		
				3				4
		7						6
9					5			7
					4	1	5	
7	2				1		9	
		6						8
4			5					
8							7	

SUDOKU EXTRÊME

Niveau top démoniaque

grille 52

		8			6		5	
					4			
5	7	2						
4						1	9	
				8		2		3
	1		2					
			6					7
1					5			
	5				3			1

grille 53

	3	7				5	8	
1				4				
			7					
5								4
		9			8		6	
			3	2				1
		5			9	4		
					3			
6								2

SUDOKU EXTRÊME

Niveau top démoniaque

grille 54

4				6	7		2	
		9		5			7	
	2						1	
3			1		2			
				3	9	8		7
				7			8	
	6							
		8				6		9

SUDOKU EXTRÊME

Niveau top démoniaque

grille 55

				1				
7					3			8
			6			3		
	3		5	6				
6			7				2	5
					4	1	7	3
8							9	
		5	2					4

SUDOKU EXTRÊME

Niveau top démoniaque

grille 56

			2		8			
9		3	7	6				
7						9		
					1	7		
		6		5		2		4
		6						
						8	5	1
			9				3	
	2				4			

Niveau top démoniaque

grille 57

						3		
	4		2					
9	2	5		4				6
	1				4	8		
			9		8			
							1	
		6						
3			5				2	9
4				8		1		

SUDOKU EXTRÊME

Niveau top démoniaque

grille 58

		9	8		7			
	3						6	
			4					1
1		2				9		
				2	9	7		8
			3	6				
	8		6			3		
					3			
		7		5				

grille 59

9				7		8		
		1			2			
			5				3	4
2		3	9					6
					4	1		5
	5	9						
		8						7
	3		6				8	

SUDOKU EXTRÊME

Niveau top démoniaque

grille 60

			7				6	9
	1	5			9			3
4							1	
				5	3			
				1		4		
8	7							
	6						3	5
3								
1			4				7	

SUDOKU EXTRÊME

grille 61

4		1			9		8	
2				3				
			5					
		5					1		3
7	3							
			7			2		4
	8							5
3	1				7			
				4		9		

SUDOKU EXTRÊME

Niveau extrême

grille 62

				3		5		
8		5			9	6		4
9		2		1				
		6		5				
7							3	
		8				2		
1			8					
						3		5
				7				9

SUDOKU EXTRÊME

grille 63

		1	6		7			4
5							6	
								9
			9		3	6		
1	8							
	4					2		
	7		4					
				1			3	7
6			2		5			

SUDOKU EXTRÊME

Niveau extrême

grille 64

		6		1				
			5	2				3
							4	
			3			2		
	9							8
5			2	9		7		
9	7	1						
3			4					7
	8							6

SUDOKU EXTRÊME

Niveau extrême

grille 65

	5						9	
			6	1				
		3			8			5
				4	2			6
				7			1	
	2	8				7		
				5			3	4
				6				
	9		7		1			

SUDOKU EXTRÊME

Niveau extrême

grille 66

	4				7			
				9	3			6
	3	2	1					
		5					7	1
4		8						
								3
9		6			8		4	
					1		9	
8				7				

SUDOKU EXTRÊME

grille 67

	7			4	8	9		
						1		
5		4		6				
					1	7		6
6	4		2					
	8							
7					5		1	
						8		
			9	7	5			

SUDOKU EXTRÊME

Niveau extrême

grille 68

	7	3		5			9	
		1					4	7
				6				
		9	8					6
3		7						8
			2		9			4
2			4					
8								
				1			3	

grille 69

	9						1	
1			2		5	9		8
4								
	6	2	4	1				
					9		4	
			3			7		
	3							
						5		2
8					3			6

SUDOKU EXTRÊME

Niveau extrême

grille 70

					4			
5	7					8		
3		6					4	
					8	5		
						1		9
2			6		5			
	3			7		2	6	
				2			5	
		7		9				

SUDOKU EXTRÊME

grille 71

							1	4
5			7	3				
6		4						
				9	6	2	4	
	7			1			6	
						5		
				8	9			2
8	3							
4						3		

SUDOKU EXTRÊME

Niveau extrême

■ ■ ■ ■ ■

grille 72

			9	4				7
	7							5
5	8						6	
							8	
4		9	7			3		
7								6
			8		4			
			3			5		
	1				6			2

SUDOKU EXTRÊME

Niveau extrême

grille 73

			2			4		
9	4							8
			7					
				6				
	8						3	
1			4					5
		5	6		4	1		
		7			8	9		
		6	3			2		

SUDOKU EXTRÊME

Niveau extrême

grille 74

	7		4		3		2	
5						9	7	
				9				
	4							
						1		
	9		7			5	6	
		9			2	8		3
2			1					4
			5					

Niveau extrême

grille 75

			8					2
				3		9		
5				6				8
				5	4		7	
	3				9	1		
		8						
	6		4			5	1	
3								
	9	4	7					

SUDOKU EXTRÊME

Niveau extrême

■ ■ ■ ■ ■

grille 76

				9		6	1	
	8			6			7	
		2	5		3			
		6						
	7	1				2	9	
					5	3	2	
5	9				4			
		7			9			

SUDOKU EXTRÊME

grille 77

			8					
	7							2
9		2						4
							3	7
	5	3			4	2		
	8		6					1
1	3			9	6			
					7			
						6	8	

SUDOKU EXTRÊME

Niveau extrême

■ ■ ■ ■ ■

grille 78

3	8		7			4		
	9				4			
		1						
7		3		6				
		9						3
					9			2
			5			8		
	2				6			
			2			1	7	5

SUDOKU EXTRÊME

grille 79

						8		5
				1		7	2	
	6				4	3		
5							6	
	8		1	7				
4					8		1	
	1			6				
	3	9						
2			8					

SUDOKU EXTRÊME

Niveau extrême

grille 80

		5	3					
1	6			9				4
				4			2	
			2			3		
4				1				
		9		3	8			
5							8	
		3					1	
2			6		4			

SUDOKU EXTRÊME

Niveau top extrême

grille 81

	6	9						2
8					2			
			1		7			
		6	2			5		
				9		4		
	4	7				1		
				3			5	8
			8					3
		2						

SUDOKU EXTRÊME

Niveau top extrême

grille 82

		4		8				
6		1				5		3
		2						1
		6					3	
			7	4			9	
	1							
		2	1		9	4		
	8		3					6

SUDOKU EXTRÊME

Niveau top extrême

grille 83

	2					3		
		6				4	1	
	7					6		
				8				
9							6	
				9		1		2
5		8	6					
2			4					5
				3	7			

SUDOKU EXTRÊME

Niveau top extrême

grille 84

5				2		8		
						4	3	
		1						
	8	9						6
				6			5	7
2				7				
				2				
	1	4					7	
		6	5					8

SUDOKU EXTRÊME

grille 85

						6	7	
5	1				2			
			4				3	5
	9	7						
		3	8				4	
							1	
				6		9		2
				7				
	3	8				7		

SUDOKU EXTRÊME

Niveau top extrême

■■■■■

grille 86

						7		6
		8			2			
		5		1	9			
4					8		9	
	2			3			1	
8				2				
		7	6	5				
	4							3

SUDOKU EXTRÊME

Niveau top extrême

grille 87

	8						2	
3		9						
						6		1
				7				
			8	4	2			
	2	1			6	5		8
	6							
			9	2		3		
	4	5						

SUDOKU EXTRÊME

Niveau top extrême

grille 88

				4		7		8
	8	7				1		2
			4	6				
		1			7			
3	5						2	
				3	5	4	1	
	2				6			
		9						

SUDOKU EXTRÊME

grille 89

	5				8			
4		6						
	9		5					1
								7
3				2		4		
	8				1		9	5
		4	6					
							1	
		3	2	4				

SUDOKU EXTRÊME

Niveau top extrême

■■■■■

grille 90

		4	8					
						6		
9		3		5			2	
			4	7	6	1		
		9		3				
								8
					7	5		
1	6					7		
					9		3	

SUDOKU EXTRÊME

Niveau top extrême

grille 91

		4	3	9				
						5	1	6
6								
		7						
			2				7	
	2		4				9	1
1				6			8	
	9	5		7				
			5					

SUDOKU EXTRÊME

Niveau top extrême

grille 92

6		1						2
9						1		
	7		5				6	
				1				
	3				6			
					4		5	
				5		9		7
		4	2					5
			7					3

SUDOKU EXTRÊME

grille 93

				9				
4		3				8		5
					2	7		
			6				3	
			8				1	
	9	7						
	5							
8					1		4	
9			5		3			2

SUDOKU EXTRÊME

Niveau top extrême

grille 94

		3			2			6
			9					
					7			
1	7							
6				4	8	3		
9						2		
			4				8	
		5		6				2
					3		1	7

SUDOKU EXTRÊME

Niveau top extrême

grille 95

5			4			9	1	
	8		6			7		
				2				
	6					8		
4						2	9	
	3				1			
					8			
9	7	8						
			3				5	

SUDOKU EXTRÊME

Niveau top extrême

■■■■■

grille 96

9								2
				2	8		3	
1	6							
						2		1
6	7		5			4		
			1					9
				3		7		
		5			4			
3					1			

SUDOKU EXTRÊME

Niveau top extrême

grille 97

2					8	6		3
	5	8			1			
	2			5			9	7
							5	
3			4					
6		9						
	1				2	4		
			3	9				

SUDOKU EXTRÊME

Niveau top extrême

grille 98

		6		8				
			5					
					1	4		
4			3			5		
	9	8			6			
				9		1		
		1					9	
	3		1	5				
2				7				8

SUDOKU EXTRÊME

Niveau top extrême

grille 99

					3	6		
1		8				9		
						3	2	
			2	3				
4								
	7	5			6	4		
			4	8				
9				1			7	3
	2							

SUDOKU EXTRÊME

Niveau top extrême

grille 100

	1				3	9		
			7			5		
	4							8
4						1		
	8	5						
			1				2	3
	5	6	8					
			2			4		
7								6

SUDOKU EXTRÊME
Solutions

grille 1

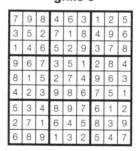

9	6	3	1	8	2	5	7	4
2	5	7	3	6	4	9	8	1
4	8	1	9	7	5	6	3	2
3	9	5	4	2	6	7	1	8
7	4	8	5	1	9	2	6	3
1	2	6	7	3	8	4	9	5
8	7	9	2	4	1	3	5	6
5	1	4	6	9	3	8	2	7
6	3	2	8	5	7	1	4	9

grille 2

2	5	7	1	3	4	6	9	8
9	1	4	6	7	8	5	2	3
8	6	3	9	2	5	7	4	1
7	9	6	2	5	1	8	3	4
4	8	2	7	6	3	1	5	9
5	3	1	4	8	9	2	6	7
1	2	8	3	4	6	9	7	5
6	4	5	8	9	7	3	1	2
3	7	9	5	1	2	4	8	6

grille 3

3	5	8	1	7	6	9	2	4
7	4	2	9	8	5	3	1	6
9	6	1	3	2	4	7	8	5
8	1	7	5	3	9	6	4	2
5	3	4	6	1	2	8	7	9
2	9	6	8	4	7	1	5	3
1	8	9	2	5	3	4	6	7
4	2	3	7	6	8	5	9	1
6	7	5	4	9	1	2	3	8

grille 4

4	7	6	2	8	3	9	1	5
8	1	5	4	9	6	7	2	3
9	2	3	5	1	7	8	6	4
2	3	1	8	4	5	6	7	9
5	9	4	7	6	1	2	3	8
6	8	7	9	3	2	4	5	1
7	5	9	1	2	4	3	8	6
1	6	8	3	7	9	5	4	2
3	4	2	6	5	8	1	9	7

grille 5

7	9	8	4	6	3	1	2	5
3	5	2	7	1	8	4	9	6
1	4	6	5	2	9	3	7	8
9	6	7	3	5	1	2	8	4
8	1	5	2	7	4	9	6	3
4	2	3	9	8	6	7	5	1
5	3	4	8	9	7	6	1	2
2	7	1	6	4	5	8	3	9
6	8	9	1	3	2	5	4	7

grille 6

2	4	5	6	3	9	1	8	7
1	9	6	5	8	7	2	3	4
3	8	7	2	4	1	9	5	6
4	3	9	1	7	6	5	2	8
7	5	2	8	9	3	6	4	1
6	1	8	4	5	2	7	9	3
5	2	3	7	6	8	4	1	9
8	6	4	9	1	5	3	7	2
9	7	1	3	2	4	8	6	5

grille 7

7	5	8	3	1	9	6	2	4
2	6	3	7	4	5	9	1	8
4	9	1	2	8	6	7	5	3
5	8	7	1	6	3	2	4	9
1	3	4	9	2	7	8	6	5
6	2	9	8	5	4	1	3	7
8	1	5	4	7	2	3	9	6
9	7	6	5	3	1	4	8	2
3	4	2	6	9	8	5	7	1

grille 8

2	9	6	5	8	3	1	7	4
1	3	5	2	7	4	8	9	6
4	8	7	9	6	1	3	5	2
8	7	1	3	2	6	9	4	5
5	2	9	4	1	7	6	8	3
6	4	3	8	9	5	2	1	7
7	6	2	1	5	8	4	3	9
3	5	8	6	4	9	7	2	1
9	1	4	7	3	2	5	6	8

grille 9

4	9	7	2	1	3	5	6	8
3	1	8	5	7	6	2	4	9
2	5	6	8	4	9	1	3	7
6	8	2	3	9	1	4	7	5
9	7	3	4	2	5	6	8	1
1	4	5	6	8	7	3	9	2
8	2	1	7	3	4	9	5	6
7	6	4	9	5	2	8	1	3
5	3	9	1	6	8	7	2	4

SUDOKU EXTRÊME

Solutions

grille 10

2	5	1	7	4	6	8	9	3
9	3	6	8	2	5	1	7	4
8	7	4	3	1	9	6	2	5
4	6	9	5	8	1	7	3	2
3	8	5	9	7	2	4	6	1
1	2	7	4	6	3	5	8	9
6	9	3	1	5	7	2	4	8
7	1	8	2	9	4	3	5	6
5	4	2	6	3	8	9	1	7

grille 11

5	9	2	3	7	4	6	1	8
4	1	8	2	6	9	7	3	5
6	7	3	8	1	5	2	4	9
2	5	9	6	4	3	1	8	7
3	6	1	7	5	8	4	9	2
8	4	7	1	9	2	3	5	6
1	3	5	9	2	6	8	7	4
7	2	4	5	8	1	9	6	3
9	8	6	4	3	7	5	2	1

grille 12

2	7	3	8	6	5	9	1	4
5	9	8	1	7	4	2	3	6
1	6	4	3	2	9	7	8	5
6	3	9	7	5	8	4	2	1
7	4	5	2	1	6	3	9	8
8	2	1	4	9	3	6	5	7
9	8	7	6	3	1	5	4	2
4	5	6	9	8	2	1	7	3
3	1	2	5	4	7	8	6	9

grille 13

5	2	4	7	3	6	9	8	1
9	8	6	4	1	2	3	7	5
7	3	1	8	5	9	6	2	4
6	4	9	1	8	7	5	3	2
3	7	5	9	2	4	1	6	8
8	1	2	3	6	5	7	4	9
1	6	8	5	4	3	2	9	7
2	5	7	6	9	8	4	1	3
4	9	3	2	7	1	8	5	6

grille 14

3	4	2	9	1	7	8	5	6
6	9	8	5	4	2	7	1	3
5	1	7	8	6	3	4	9	2
2	3	9	1	5	4	6	7	8
7	8	6	3	2	9	1	4	5
1	5	4	6	7	8	2	3	9
4	7	5	2	9	6	3	8	1
8	6	1	7	3	5	9	2	4
9	2	3	4	8	1	5	6	7

grille 15

8	6	5	1	7	3	4	9	2
4	7	2	5	9	6	1	3	8
9	1	3	2	4	8	5	7	6
6	5	4	7	8	9	2	1	3
1	2	7	6	3	5	9	8	4
3	8	9	4	2	1	7	6	5
2	4	1	8	6	7	3	5	9
7	3	8	9	5	2	6	4	1
5	9	6	3	1	4	8	2	7

grille 16

8	7	9	4	6	1	3	2	5
5	6	1	3	2	9	4	8	7
4	2	3	7	8	5	1	9	6
7	5	4	6	3	8	9	1	2
1	8	2	9	5	7	6	3	4
3	9	6	2	1	4	5	7	8
6	3	8	5	9	2	7	4	1
2	4	5	1	7	3	8	6	9
9	1	7	8	4	6	2	5	3

grille 17

3	9	8	1	6	5	7	2	4
1	6	7	4	2	3	9	8	5
2	4	5	7	8	9	1	6	3
6	5	9	2	4	1	8	3	7
4	8	1	3	9	7	2	5	6
7	2	3	8	5	6	4	1	9
5	3	4	9	1	8	6	7	2
8	7	2	6	3	4	5	9	1
9	1	6	5	7	2	3	4	8

grille 18

9	7	4	6	2	1	3	8	5
3	8	2	5	4	9	6	7	1
1	5	6	8	3	7	4	9	2
7	2	5	4	8	3	1	6	9
6	4	9	2	1	5	8	3	7
8	1	3	9	7	6	5	2	4
5	6	8	7	9	4	2	1	3
2	9	1	3	5	8	7	4	6
4	3	7	1	6	2	9	5	8

SUDOKU EXTRÊME

Solutions

grille 19

4	7	5	2	1	3	6	9	8
8	1	2	9	6	4	3	7	5
6	3	9	7	8	5	2	1	4
5	8	1	3	4	9	7	2	6
2	4	7	1	5	6	9	8	3
9	6	3	8	2	7	4	5	1
1	5	6	4	7	2	8	3	9
7	9	4	5	3	8	1	6	2
3	2	8	6	9	1	5	4	7

grille 20

8	3	4	1	6	7	9	2	5
6	5	2	3	9	4	7	1	8
1	9	7	8	2	5	6	4	3
2	7	5	6	3	9	4	8	1
3	8	9	4	5	1	2	6	7
4	1	6	2	7	8	3	5	9
5	2	1	9	4	3	8	7	6
7	4	3	5	8	6	1	9	2
9	6	8	7	1	2	5	3	4

grille 21

8	1	9	3	7	5	4	2	6
2	6	5	4	8	9	3	1	7
3	4	7	6	1	2	9	8	5
1	7	6	5	2	3	8	4	9
4	5	8	1	9	7	6	3	2
9	3	2	8	4	6	7	5	1
6	9	1	2	3	8	5	7	4
5	2	3	7	6	4	1	9	8
7	8	4	9	5	1	2	6	3

grille 22

1	3	9	2	4	8	7	5	6
7	2	4	9	6	5	1	8	3
6	8	5	3	1	7	9	2	4
8	4	7	1	2	6	5	3	9
3	5	2	7	8	9	6	4	1
9	1	6	4	5	3	2	7	8
4	6	3	5	9	2	8	1	7
2	9	1	8	7	4	3	6	5
5	7	8	6	3	1	4	9	2

grille 23

5	8	7	3	2	4	6	9	1
6	4	9	5	1	7	3	8	2
2	3	1	9	6	8	7	5	4
3	1	2	6	8	5	9	4	7
7	5	4	2	3	9	1	6	8
8	9	6	7	4	1	2	3	5
9	2	8	4	7	3	5	1	6
1	7	3	8	5	6	4	2	9
4	6	5	1	9	2	8	7	3

grille 24

8	7	6	1	3	5	4	9	2
5	2	9	4	6	7	1	8	3
1	3	4	8	2	9	6	5	7
9	6	5	2	7	4	3	1	8
7	1	8	9	5	3	2	6	4
3	4	2	6	8	1	5	7	9
4	8	1	5	9	2	7	3	6
2	9	7	3	1	6	8	4	5
6	5	3	7	4	8	9	2	1

grille 25

8	4	3	5	9	1	2	7	6
5	6	1	7	3	2	4	9	8
9	7	2	6	8	4	1	3	5
3	2	5	4	1	7	8	6	9
7	1	4	9	6	8	3	5	2
6	8	9	3	2	5	7	4	1
4	3	8	2	5	9	6	1	7
1	9	7	8	4	6	5	2	3
2	5	6	1	7	3	9	8	4

grille 26

7	5	1	8	3	4	9	6	2
2	3	9	1	6	7	5	8	4
6	8	4	2	9	5	1	7	3
1	9	7	3	4	2	8	5	6
3	2	5	6	7	8	4	9	1
8	4	6	9	5	1	3	2	7
5	6	8	4	2	3	7	1	9
4	7	2	5	1	9	6	3	8
9	1	3	7	8	6	2	4	5

grille 27

2	4	8	6	3	7	5	1	9
7	1	5	8	9	4	3	6	2
6	3	9	1	2	5	4	8	7
8	7	2	5	6	9	1	4	3
5	6	4	7	1	3	2	9	8
1	9	3	2	4	8	7	5	6
9	5	1	3	7	6	8	2	4
3	8	6	4	5	2	9	7	1
4	2	7	9	8	1	6	3	5

SUDOKU EXTRÊME

Solutions

grille 28

4	9	1	3	8	6	7	2	5
7	2	8	1	5	4	9	3	6
3	5	6	7	2	9	4	8	1
6	8	7	2	4	3	1	5	9
2	4	9	8	1	5	6	7	3
1	3	5	9	6	7	2	4	8
9	6	3	4	7	8	5	1	2
5	7	2	6	3	1	8	9	4
8	1	4	5	9	2	3	6	7

grille 29

5	1	8	7	4	6	9	3	2
2	3	6	8	9	1	4	5	7
9	4	7	5	3	2	1	6	8
7	8	9	2	6	4	3	1	5
4	2	1	9	5	3	7	8	6
3	6	5	1	8	7	2	4	9
6	7	2	3	1	8	5	9	4
1	9	4	6	7	5	8	2	3
8	5	3	4	2	9	6	7	1

grille 30

8	9	4	7	5	2	1	3	6
6	5	2	1	3	4	8	9	7
3	7	1	9	6	8	5	4	2
7	3	8	2	9	6	4	1	5
4	2	5	3	7	1	6	8	9
1	6	9	4	8	5	7	2	3
5	4	6	8	2	3	9	7	1
9	1	3	6	4	7	2	5	8
2	8	7	5	1	9	3	6	4

grille 31

9	8	5	2	7	4	1	3	6
6	3	4	8	9	1	7	5	2
1	7	2	3	5	6	9	4	8
2	1	6	5	8	7	4	9	3
4	5	3	9	6	2	8	1	7
7	9	8	1	4	3	6	2	5
5	4	1	6	3	8	2	7	9
3	6	7	4	2	9	5	8	1
8	2	9	7	1	5	3	6	4

grille 32

4	2	8	7	1	3	9	6	5
6	7	9	5	8	4	2	3	1
3	1	5	2	9	6	7	8	4
7	4	1	9	6	8	5	2	3
9	8	2	3	5	1	6	4	7
5	6	3	4	7	2	8	1	9
8	9	6	1	4	7	3	5	2
2	5	4	8	3	9	1	7	6
1	3	7	6	2	5	4	9	8

grille 33

3	9	5	4	1	2	6	7	8
7	8	6	9	3	5	2	4	1
1	4	2	8	6	7	3	9	5
5	1	4	6	2	3	7	8	9
6	2	8	7	5	9	1	3	4
9	7	3	1	8	4	5	2	6
4	5	7	2	9	6	8	1	3
8	6	9	3	7	1	4	5	2
2	3	1	5	4	8	9	6	7

grille 34

9	5	2	4	3	1	8	7	6
6	1	3	8	5	7	2	9	4
7	4	8	9	2	6	1	5	3
1	7	4	3	9	2	5	6	8
8	2	5	6	7	4	9	3	1
3	9	6	1	8	5	4	2	7
5	8	9	7	4	3	6	1	2
4	3	1	2	6	9	7	8	5
2	6	7	5	1	8	3	4	9

grille 35

2	6	4	9	1	8	3	7	5
7	5	1	2	6	3	4	9	8
9	8	3	4	5	7	1	2	6
8	1	5	3	7	4	2	6	9
3	7	2	5	9	6	8	1	4
6	4	9	1	8	2	5	3	7
1	9	8	7	2	5	6	4	3
5	3	7	6	4	1	9	8	2
4	2	6	8	3	9	7	5	1

grille 36

5	4	9	7	2	1	6	3	8
6	2	1	3	8	5	7	4	9
8	7	3	6	9	4	1	2	5
1	8	6	5	3	2	9	7	4
2	9	7	4	6	8	5	1	3
4	3	5	9	1	7	8	6	2
3	6	2	8	7	9	4	5	1
9	1	4	2	5	6	3	8	7
7	5	8	1	4	3	2	9	6

SUDOKU EXTRÊME

Solutions

grille 37

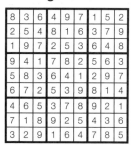

3	4	9	5	1	8	6	2	7
8	1	7	6	4	2	5	3	9
6	2	5	9	7	3	1	8	4
1	6	3	2	8	4	7	9	5
9	7	4	1	3	5	2	6	8
2	5	8	7	6	9	3	4	1
4	8	2	3	5	7	9	1	6
7	9	1	4	2	6	8	5	3
5	3	6	8	9	1	4	7	2

grille 38

6	5	9	4	2	3	1	8	7
3	1	7	6	5	8	2	9	4
4	2	8	7	1	9	5	6	3
5	3	4	8	9	1	7	2	6
8	9	1	2	7	6	3	4	5
7	6	2	3	4	5	9	1	8
9	4	3	5	8	2	6	7	1
1	7	5	9	6	4	8	3	2
2	8	6	1	3	7	4	5	9

grille 39

1	8	9	5	2	4	7	6	3
5	7	4	3	9	6	2	1	8
2	3	6	1	7	8	5	4	9
7	9	1	8	5	3	4	2	6
3	2	8	4	6	7	9	5	1
4	6	5	2	1	9	8	3	7
6	1	7	9	4	2	3	8	5
8	5	2	7	3	1	6	9	4
9	4	3	6	8	5	1	7	2

grille 40

8	3	6	4	9	7	1	5	2
2	5	4	8	1	6	3	7	9
1	9	7	2	5	3	6	4	8
9	4	1	7	8	2	5	6	3
5	8	3	6	4	1	2	9	7
6	7	2	5	3	9	8	1	4
4	6	5	3	7	8	9	2	1
7	1	8	9	2	5	4	3	6
3	2	9	1	6	4	7	8	5

grille 41

3	1	5	7	6	4	8	2	9
7	8	2	3	9	5	4	1	6
9	6	4	8	2	1	7	3	5
8	5	9	1	3	2	6	7	4
4	2	3	6	5	7	9	8	1
6	7	1	9	4	8	2	5	3
1	4	7	5	8	9	3	6	2
2	3	8	4	1	6	5	9	7
5	9	6	2	7	3	1	4	8

grille 42

5	1	2	4	7	6	3	9	8
4	8	6	3	9	5	1	2	7
7	9	3	1	8	2	4	6	5
6	7	5	2	4	8	9	1	3
1	2	9	5	6	3	7	8	4
8	3	4	9	1	7	6	5	2
9	4	7	8	5	1	2	3	6
2	6	8	7	3	9	5	4	1
3	5	1	6	2	4	8	7	9

grille 43

2	9	3	8	6	5	4	7	1
4	5	6	9	7	1	3	8	2
7	1	8	3	2	4	9	6	5
5	2	9	4	8	7	6	1	3
8	6	1	5	3	9	7	2	4
3	4	7	6	1	2	8	5	9
9	8	2	1	4	6	5	3	7
1	3	4	7	5	8	2	9	6
6	7	5	2	9	3	1	4	8

grille 44

4	6	8	1	2	9	7	5	3
5	9	1	6	3	7	2	4	8
7	2	3	8	4	5	6	1	9
8	3	7	5	6	4	1	9	2
2	1	9	3	7	8	5	6	4
6	5	4	2	9	1	3	8	7
9	8	6	7	1	2	4	3	5
1	4	2	9	5	3	8	7	6
3	7	5	4	8	6	9	2	1

grille 45

7	2	1	8	9	6	4	5	3
4	9	6	3	5	7	1	8	2
5	3	8	2	1	4	9	6	7
2	5	9	7	4	8	6	3	1
6	1	3	9	2	5	8	7	4
8	7	4	6	3	1	5	2	9
1	8	5	4	7	3	2	9	6
3	4	2	5	6	9	7	1	8
9	6	7	1	8	2	3	4	5

SUDOKU EXTRÊME

Solutions

grille 46

3	7	6	4	9	1	8	5	2
1	5	9	2	8	7	3	6	4
2	4	8	5	6	3	7	9	1
7	1	5	3	4	6	2	8	9
4	8	3	1	2	9	6	7	5
9	6	2	7	5	8	4	1	3
6	9	1	8	3	2	5	4	7
8	3	4	9	7	5	1	2	6
5	2	7	6	1	4	9	3	8

grille 47

4	2	3	1	5	8	7	9	6
5	9	7	4	6	3	2	8	1
1	8	6	9	2	7	5	3	4
9	6	1	8	3	2	4	5	7
8	5	4	7	1	6	9	2	3
3	7	2	5	4	9	1	6	8
6	1	9	2	8	4	3	7	5
7	3	5	6	9	1	8	4	2
2	4	8	3	7	5	6	1	9

grille 48

7	4	2	5	3	8	6	1	9
1	3	8	9	4	6	7	2	5
5	6	9	2	7	1	8	4	3
9	2	4	8	5	3	1	6	7
6	1	5	4	2	7	3	9	8
3	8	7	1	6	9	4	5	2
8	5	3	6	1	2	9	7	4
4	9	1	7	8	5	2	3	6
2	7	6	3	9	4	5	8	1

grille 49

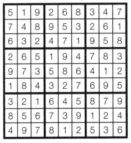

2	3	9	1	7	4	6	5	8
8	1	7	5	6	9	3	2	4
6	5	4	2	3	8	7	9	1
3	9	6	7	1	5	4	8	2
4	2	5	6	8	3	1	7	9
7	8	1	4	9	2	5	3	6
1	4	2	9	5	7	8	6	3
5	6	8	3	2	1	9	4	7
9	7	3	8	4	6	2	1	5

grille 50

5	1	9	2	6	8	3	4	7
7	4	8	9	5	3	2	6	1
6	3	2	4	7	1	9	5	8
2	6	5	1	9	4	7	8	3
9	7	3	5	8	6	4	1	2
1	8	4	3	2	7	6	9	5
3	2	1	6	4	5	8	7	9
8	5	6	7	3	9	1	2	4
4	9	7	8	1	2	5	3	6

grille 51

2	7	1	6	4	9	3	8	5
5	6	9	1	3	8	7	2	4
3	4	8	7	5	2	9	1	6
9	1	4	3	2	5	8	6	7
6	8	3	9	7	4	1	5	2
7	2	5	8	6	1	4	9	3
1	3	6	2	9	7	5	4	8
4	9	7	5	8	6	2	3	1
8	5	2	4	1	3	6	7	9

grille 52

3	4	8	1	2	6	7	5	9
6	9	1	7	5	4	3	8	2
5	7	2	9	3	8	4	1	6
4	2	5	3	6	7	1	9	8
7	6	9	5	8	1	2	4	3
8	1	3	2	4	9	6	7	5
9	8	4	6	1	2	5	3	7
1	3	6	8	7	5	9	2	4
2	5	7	4	9	3	8	6	1

grille 53

4	3	7	9	1	2	5	8	6
1	9	6	8	4	5	2	3	7
8	5	2	7	3	6	1	4	9
5	1	3	6	9	7	8	2	4
2	4	9	1	5	8	7	6	3
7	6	8	3	2	4	9	5	1
3	7	5	2	6	9	4	1	8
9	2	1	4	8	3	6	7	5
6	8	4	5	7	1	3	9	2

grille 54

4	5	1	3	6	7	9	2	8
8	3	9	2	5	1	4	7	6
6	2	7	8	9	4	3	1	5
9	8	5	7	4	6	2	3	1
3	7	6	1	8	2	5	9	4
1	4	2	5	3	9	8	6	7
2	9	4	6	7	5	1	8	3
5	6	3	9	1	8	7	4	2
7	1	8	4	2	3	6	5	9

grille 55

4	8	3	9	1	7	2	5	6
7	5	6	4	2	3	9	1	8
1	9	2	6	8	5	3	4	7
9	3	4	5	6	2	7	8	1
6	1	8	7	3	9	4	2	5
5	2	7	1	4	8	6	3	9
2	6	9	8	5	4	1	7	3
8	4	1	3	7	6	5	9	2
3	7	5	2	9	1	8	6	4

grille 56

6	5	1	2	9	8	3	4	7
9	4	3	7	6	5	1	2	8
7	8	2	1	4	3	9	6	5
2	9	5	4	3	1	7	8	6
1	3	6	8	5	7	2	9	4
8	7	4	6	2	9	5	1	3
4	6	9	3	7	2	8	5	1
5	1	7	9	8	6	4	3	2
3	2	8	5	1	4	6	7	9

grille 57

7	6	1	8	9	5	3	4	2
8	4	3	2	7	6	9	5	1
9	2	5	1	4	3	7	8	6
2	1	7	6	5	4	8	9	3
6	3	4	9	1	8	2	7	5
5	8	9	7	3	2	6	1	4
1	9	6	4	2	7	5	3	8
3	7	8	5	6	1	4	2	9
4	5	2	3	8	9	1	6	7

grille 58

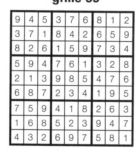

2	6	9	8	1	7	5	4	3
4	3	1	5	9	2	8	6	7
8	7	5	4	3	6	2	9	1
1	5	2	7	4	8	9	3	6
6	4	3	1	2	9	7	5	8
7	9	8	3	6	5	4	1	2
9	8	4	6	7	1	3	2	5
5	2	6	9	8	3	1	7	4
3	1	7	2	5	4	6	8	9

grille 59

9	4	5	3	7	6	8	1	2
3	7	1	8	4	2	6	5	9
8	2	6	1	5	9	7	3	4
5	9	4	7	6	1	3	2	8
2	1	3	9	8	5	4	7	6
6	8	7	2	3	4	1	9	5
7	5	9	4	1	8	2	6	3
1	6	8	5	2	3	9	4	7
4	3	2	6	9	7	5	8	1

grille 60

2	8	3	7	4	1	5	6	9
6	1	5	2	8	9	7	4	3
4	9	7	3	6	5	8	1	2
9	4	1	8	5	3	6	2	7
5	3	2	6	1	7	4	9	8
8	7	6	9	2	4	3	5	1
7	6	4	1	9	8	2	3	5
3	2	9	5	7	6	1	8	4
1	5	8	4	3	2	9	7	6

grille 61

4	5	1	2	6	9	3	8	7
2	7	6	1	3	8	5	4	9
8	9	3	5	7	4	6	1	2
9	4	5	6	8	2	1	7	3
7	3	2	4	1	5	9	6	8
1	6	8	7	9	3	2	5	4
6	8	4	9	2	1	7	3	5
3	1	9	8	5	7	4	2	6
5	2	7	3	4	6	8	9	1

grille 62

4	1	7	6	3	8	5	9	2
8	3	5	7	2	9	6	1	4
9	6	2	5	1	4	8	7	3
2	9	6	1	5	3	7	4	8
7	5	1	4	8	2	9	3	6
3	4	8	9	6	7	2	5	1
1	2	3	8	9	5	4	6	7
6	7	9	2	4	1	3	8	5
5	8	4	3	7	6	1	2	9

grille 63

2	3	1	6	9	7	8	5	4
5	9	7	1	4	8	3	6	2
4	6	8	3	5	2	7	1	9
7	5	2	9	8	3	6	4	1
1	8	6	5	2	4	9	7	3
3	4	9	7	6	1	2	8	5
8	7	5	4	3	9	1	2	6
9	2	4	8	1	6	5	3	7
6	1	3	2	7	5	4	9	8

SUDOKU EXTRÊME

Solutions

grille 64

4	5	6	7	1	3	8	9	2
8	1	9	5	2	4	6	7	3
7	2	3	8	6	9	5	4	1
1	4	7	3	5	8	2	6	9
6	9	2	1	4	7	3	5	8
5	3	8	2	9	6	7	1	4
9	7	1	6	3	2	4	8	5
3	6	5	4	8	1	9	2	7
2	8	4	9	7	5	1	3	6

grille 65

2	5	6	4	3	7	1	9	8
8	4	9	6	1	5	3	2	7
7	1	3	9	2	8	4	6	5
9	3	7	1	4	2	5	8	6
4	6	5	8	7	3	2	1	9
1	2	8	5	9	6	7	4	3
6	7	1	2	5	9	8	3	4
5	8	2	3	6	4	9	7	1
3	9	4	7	8	1	6	5	2

grille 66

6	4	9	2	8	7	3	1	5
1	8	5	4	9	3	7	2	6
7	3	2	1	6	5	9	8	4
2	6	3	5	4	9	8	7	1
4	1	8	7	3	6	2	5	9
5	9	7	8	1	2	4	6	3
9	2	6	3	5	8	1	4	7
3	7	4	6	2	1	5	9	8
8	5	1	9	7	4	6	3	2

grille 67

1	7	2	5	4	8	9	6	3
8	6	3	9	7	2	1	4	5
5	9	4	1	6	3	2	7	8
9	2	5	4	3	1	7	8	6
6	4	7	2	8	9	3	5	1
3	8	1	7	5	6	4	2	9
7	3	9	8	2	5	6	1	4
2	5	6	3	1	4	8	9	7
4	1	8	6	9	7	5	3	2

grille 68

6	7	3	1	5	4	8	9	2
9	5	1	3	8	2	6	4	7
4	8	2	9	6	7	1	5	3
5	4	9	8	7	1	3	2	6
3	2	7	5	4	6	9	1	8
1	6	8	2	3	9	5	7	4
2	3	6	4	9	5	7	8	1
8	1	5	7	2	3	4	6	9
7	9	4	6	1	8	2	3	5

grille 69

2	9	5	6	7	8	3	1	4
1	7	3	2	4	5	9	6	8
4	8	6	9	3	1	2	5	7
3	6	2	4	1	7	8	9	5
7	5	1	8	2	9	6	4	3
9	4	8	3	5	6	7	2	1
5	3	7	1	6	2	4	8	9
6	1	9	7	8	4	5	3	2
8	2	4	5	9	3	1	7	6

grille 70

1	8	2	7	5	4	6	9	3
5	7	4	3	6	9	8	1	2
3	9	6	1	8	2	7	4	5
7	4	3	9	1	8	5	2	6
6	5	8	2	4	7	1	3	9
2	1	9	6	3	5	4	7	8
9	3	5	8	7	1	2	6	4
8	6	1	4	2	3	9	5	7
4	2	7	5	9	6	3	8	1

grille 71

7	2	3	6	5	8	9	1	4
5	9	1	7	3	4	6	2	8
6	8	4	9	2	1	7	3	5
3	1	8	5	9	6	2	4	7
9	7	5	4	1	2	8	6	3
2	4	6	8	7	3	5	9	1
1	6	7	3	8	9	4	5	2
8	3	9	2	4	5	1	7	6
4	5	2	1	6	7	3	8	9

grille 72

3	6	1	9	4	5	8	2	7
9	7	4	6	8	2	1	3	5
5	8	2	1	3	7	4	6	9
1	5	6	2	9	3	7	8	4
4	2	9	7	6	8	3	5	1
7	3	8	4	5	1	2	9	6
2	9	5	8	1	4	6	7	3
6	4	7	3	2	9	5	1	8
8	1	3	5	7	6	9	4	2

Solutions

grille 73

3	7	1	2	8	5	4	9	6
9	4	2	1	3	6	5	7	8
6	5	8	7	4	9	3	1	2
5	2	3	8	6	1	7	4	9
7	8	4	9	5	2	6	3	1
1	6	9	4	7	3	8	2	5
2	3	5	6	9	4	1	8	7
4	1	7	5	2	8	9	6	3
8	9	6	3	1	7	2	5	4

grille 74

9	7	1	4	8	3	6	2	5
5	4	3	2	1	6	9	7	8
8	6	2	5	9	7	4	3	1
6	1	4	9	2	5	3	8	7
7	2	5	3	6	8	1	4	9
3	9	8	7	4	1	5	6	2
4	5	9	6	7	2	8	1	3
2	8	6	1	3	9	7	5	4
1	3	7	8	5	4	2	9	6

grille 75

9	7	3	8	4	1	6	5	2
2	8	6	5	3	7	9	4	1
5	4	1	9	6	2	7	3	8
6	2	9	1	5	4	8	7	3
7	3	5	2	8	9	1	6	4
4	1	8	3	7	6	2	9	5
8	6	2	4	9	3	5	1	7
3	5	7	6	1	8	4	2	9
1	9	4	7	2	5	3	8	6

grille 76

4	2	5	3	9	7	6	1	8
1	8	9	4	6	2	5	7	3
7	6	3	1	5	8	9	4	2
9	4	2	5	7	3	1	8	6
8	5	6	9	2	1	4	3	7
3	7	1	8	4	6	2	9	5
6	1	4	7	8	5	3	2	9
5	9	8	2	3	4	7	6	1
2	3	7	6	1	9	8	5	4

grille 77

3	1	5	8	4	2	7	9	6
8	7	4	1	6	9	3	5	2
9	6	2	7	3	5	8	1	4
6	4	1	5	2	8	9	3	7
7	5	3	9	1	4	2	6	8
2	8	9	6	7	3	5	4	1
1	3	8	2	9	6	4	7	5
5	9	6	4	8	7	1	2	3
4	2	7	3	5	1	6	8	9

grille 78

3	8	6	7	2	1	4	5	9
5	9	2	6	8	4	3	1	7
4	7	1	9	3	5	2	6	8
7	4	3	8	6	2	5	9	1
2	5	9	4	1	7	6	8	3
1	6	8	3	5	9	7	4	2
9	1	7	5	4	3	8	2	6
8	2	5	1	7	6	9	3	4
6	3	4	2	9	8	1	7	5

grille 79

1	9	2	7	3	6	8	4	5
3	4	8	9	1	5	7	2	6
7	6	5	2	8	4	3	9	1
5	7	1	4	9	3	2	6	8
9	8	6	1	7	2	4	5	3
4	2	3	6	5	8	9	1	7
8	1	4	3	6	9	5	7	2
6	3	9	5	2	7	1	8	4
2	5	7	8	4	1	6	3	9

grille 80

9	4	5	3	2	1	7	6	8
1	6	2	8	9	7	5	3	4
3	8	7	5	4	6	1	2	9
8	5	1	2	6	9	3	4	7
4	3	6	7	1	5	8	9	2
7	2	9	4	3	8	6	5	1
5	9	4	1	7	3	2	8	6
6	7	3	9	8	2	4	1	5
2	1	8	6	5	4	9	7	3

grille 81

4	6	9	3	5	8	7	1	2
8	7	1	9	4	2	3	6	5
2	5	3	1	6	7	8	9	4
9	3	6	2	1	4	5	8	7
1	2	8	7	9	5	4	3	6
5	4	7	8	3	6	1	2	9
7	1	4	6	2	3	9	5	8
6	9	5	4	8	1	2	7	3
3	8	2	5	7	9	6	4	1

SUDOKU EXTRÊME

Solutions

grille 82

3	9	4	5	8	1	6	2	7
6	2	1	4	9	7	5	8	3
5	7	8	2	3	6	9	4	1
9	4	6	8	1	2	7	3	5
8	5	3	6	7	4	1	9	2
2	1	7	9	5	3	8	6	4
7	3	2	1	6	9	4	5	8
4	6	5	7	2	8	3	1	9
1	8	9	3	4	5	2	7	6

grille 83

4	2	9	8	6	1	3	5	7
8	5	6	2	7	3	4	1	9
3	7	1	9	4	5	6	2	8
7	4	2	1	8	6	5	9	3
9	1	3	7	5	2	8	6	4
6	8	5	3	9	4	1	7	2
5	3	8	6	2	9	7	4	1
2	6	7	4	1	8	9	3	5
1	9	4	5	3	7	2	8	6

grille 84

5	7	1	4	2	3	8	6	9
6	9	2	8	7	5	4	3	1
4	3	8	1	6	9	7	2	5
7	8	5	9	3	1	2	4	6
1	4	3	2	8	6	9	5	7
2	6	9	5	4	7	1	8	3
8	5	7	3	1	2	6	9	4
3	1	4	6	9	8	5	7	2
9	2	6	7	5	4	3	1	8

grille 85

3	4	2	9	5	8	6	7	1
5	1	6	7	3	2	4	9	8
8	7	9	4	1	6	2	3	5
1	9	7	5	4	3	8	2	6
6	2	3	8	7	1	5	4	9
4	8	5	6	2	9	3	1	7
7	5	1	3	6	4	9	8	2
9	6	4	2	8	7	1	5	3
2	3	8	1	9	5	7	6	4

grille 86

1	9	4	5	8	3	7	2	6
3	7	8	4	6	2	9	5	1
2	6	5	7	1	9	3	4	8
4	1	3	2	7	8	6	9	5
5	8	9	1	4	6	2	3	7
7	2	6	9	3	5	8	1	4
8	5	1	3	2	7	4	6	9
9	3	7	6	5	4	1	8	2
6	4	2	8	9	1	5	7	3

grille 87

6	8	4	7	5	1	9	2	3
3	1	9	2	6	8	7	4	5
7	5	2	4	3	9	6	8	1
8	3	6	5	7	2	4	1	9
5	9	7	1	8	4	2	3	6
4	2	1	3	9	6	5	7	8
9	6	3	8	4	7	1	5	2
1	7	8	9	2	5	3	6	4
2	4	5	6	1	3	8	9	7

grille 88

1	4	5	7	2	8	3	9	6
9	3	2	6	4	1	7	5	8
6	8	7	5	9	3	1	4	2
7	9	8	4	6	2	5	3	1
2	6	1	3	5	7	9	8	4
3	5	4	1	8	9	6	2	7
8	7	6	2	3	5	4	1	9
4	2	3	9	1	6	8	7	5
5	1	9	8	7	4	2	6	3

grille 89

7	5	1	3	6	8	9	4	2
4	3	6	1	9	2	7	5	8
2	9	8	5	7	4	3	6	1
9	4	2	8	5	6	1	3	7
3	1	5	9	2	7	4	8	6
6	8	7	4	3	1	2	9	5
8	7	4	6	1	9	5	2	3
5	2	9	7	8	3	6	1	4
1	6	3	2	4	5	8	7	9

grille 90

6	5	4	8	2	3	9	1	7
8	2	1	7	9	4	6	5	3
9	7	3	6	5	1	8	2	4
2	3	8	4	7	6	1	9	5
5	1	9	2	3	8	4	7	6
7	4	6	9	1	5	3	8	2
3	9	2	1	4	7	5	6	8
1	6	5	3	8	2	7	4	9
4	8	7	5	6	9	2	3	1

grille 91

5	1	4	3	9	6	8	2	7
3	8	9	7	2	4	5	1	6
6	7	2	1	8	5	9	4	3
9	3	7	6	1	8	4	5	2
4	5	1	2	3	9	6	7	8
8	2	6	4	5	7	3	9	1
1	4	3	9	6	2	7	8	5
2	9	5	8	7	3	1	6	4
7	6	8	5	4	1	2	3	9

grille 92

6	8	1	4	3	7	5	9	2
9	5	3	6	8	2	1	7	4
4	7	2	5	9	1	3	6	8
2	4	9	8	1	5	7	3	6
5	3	7	9	2	6	4	8	1
1	6	8	3	7	4	2	5	9
3	2	6	1	5	8	9	4	7
7	9	4	2	6	3	8	1	5
8	1	5	7	4	9	6	2	3

grille 93

7	6	5	4	9	8	3	2	1
4	2	3	6	1	7	8	9	5
1	8	9	3	5	2	7	6	4
5	1	8	2	6	9	4	3	7
2	3	4	7	8	5	9	1	6
6	9	7	1	3	4	2	5	8
3	5	2	8	4	6	1	7	9
8	7	6	9	2	1	5	4	3
9	4	1	5	7	3	6	8	2

grille 94

7	4	3	8	1	2	9	5	6
5	6	1	9	3	4	7	2	8
8	2	9	6	5	7	1	3	4
1	7	4	3	2	9	8	6	5
6	5	2	1	4	8	3	7	9
9	3	8	5	7	6	2	4	1
2	1	7	4	9	5	6	8	3
3	8	5	7	6	1	4	9	2
4	9	6	2	8	3	5	1	7

grille 95

5	2	7	4	8	3	9	1	6
3	8	4	6	1	9	7	2	5
6	9	1	7	2	5	3	8	4
7	6	9	5	3	2	8	4	1
4	1	5	8	7	6	2	9	3
8	3	2	9	4	1	5	6	7
1	5	3	2	6	8	4	7	9
9	7	8	1	5	4	6	3	2
2	4	6	3	9	7	1	5	8

grille 96

9	8	3	6	1	7	5	4	2
5	4	7	9	2	8	1	3	6
1	6	2	3	4	5	8	9	7
8	3	9	4	7	6	2	5	1
6	7	1	5	9	2	4	8	3
2	5	4	1	8	3	6	7	9
4	1	6	8	3	9	7	2	5
7	9	5	2	6	4	3	1	8
3	2	8	7	5	1	9	6	4

grille 97

2	9	1	5	4	8	6	7	3
7	5	8	6	3	1	9	4	2
4	3	6	9	2	7	5	1	8
1	2	4	8	5	6	3	9	7
9	6	7	2	1	3	8	5	4
3	8	5	4	7	9	1	2	6
6	7	9	1	8	4	2	3	5
5	1	3	7	6	2	4	8	9
8	4	2	3	9	5	7	6	1

Solutions

grille 98

1	4	6	2	8	7	9	5	3
9	2	3	5	6	4	8	7	1
7	8	5	9	3	1	4	2	6
4	1	7	3	2	8	5	6	9
5	9	8	4	1	6	7	3	2
3	6	2	7	9	5	1	8	4
6	7	1	8	4	3	2	9	5
8	3	9	1	5	2	6	4	7
2	5	4	6	7	9	3	1	8

grille 99

2	4	9	8	7	3	6	5	1
1	3	8	6	2	5	9	4	7
7	5	6	9	4	1	3	2	8
6	8	1	2	3	4	7	9	5
4	9	2	7	5	8	1	3	6
3	7	5	1	9	6	4	8	2
5	1	3	4	8	7	2	6	9
9	6	4	5	1	2	8	7	3
8	2	7	3	6	9	5	1	4

grille 100

5	1	6	8	4	3	9	7	2
2	8	3	7	9	6	5	1	4
7	4	9	2	5	1	6	3	8
4	9	2	3	6	8	1	5	7
1	3	8	5	7	2	4	6	9
6	5	7	4	1	9	8	2	3
3	2	5	6	8	4	7	9	1
8	6	1	9	2	7	3	4	5
9	7	4	1	3	5	2	8	6

ÉGALEMENT DISPONIBLES

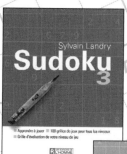

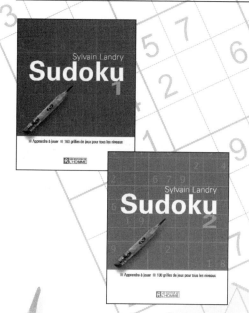

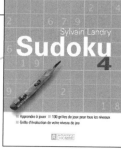

Achevé d'imprimer au Canada
sur les presses des Imprimeries Transcontinental Inc.